AF357436

JACQUELINE D'OLZEBOURG,

MÉLODRAME EN TROIS ACTES,

Orné de Pantomime, Danses et Combats;

PAR J. R. BAZIN.

Musique de M. QUAISAIN; Ballets de M. RICHARD, Pensionnaire de l'Opéra.

Représenté, pour la première fois, à Paris, sur le Théâtre de l'Ambigu-Comique, le 24 Brumaire an XII.

A PARIS;

Chez FAGES, au Magasin de Pièces de Théâtre, boulevard Saint-Martin, N°. 25, vis-à-vis le Théâtre des Jeunes-Artistes.

AN XII. (1803.)

PERSONNAGES.   ACTEURS.

JACQUELINE, baronne d'Olzebourg. *Mlle. Bourgeois.*

ULRIC, chevalier, frère inconnu de Jacqueline. *Tautin.*

HERMANN, comte de Reczeinhem.   *Joigny.*

JULIETTE, nièce inconnue d'Hermann. *Mlle. Planté.*

RATSNER, écuyer d'Ulric.   *Raffile.*

CATHERINE, crue mère de Juliette. *Mlle. Lagrenois.*

BETTMANN, bailli d'Olzebourg.   *Melcour.*

ALTORF, écuyer du Comte.   *Defresne.*

CLAIRE, suivante de Jacqueline. *Mlle. Sophie Philbert.*

Un Ecuyer parlant.

Ecuyers, hommes-d'armes de Jacqueline et du Comte.

Pages et Suivantes de Jacqueline.

Villageois et Villageoises.

Le premier et le troisième Actes se passent au château d'Olzebourg, en Souabe ; le second, dans le village de ce nom.

JACQUELINE

D'OLZEBOURG.

ACTE PREMIER.

Le théâtre représente un sallon de forme gothique, décoré de portraits de famille, et disposé pour recevoir un hommage.

SCÈNE PREMIERE.
JACQUELINE, CLAIRE.

CLAIRE.

POURQUOI vous dérober, madame, aux empressemens de vos fidèles serviteurs ? On prépare la cérémonie qui doit accompagner l'hommage du comte de Reczeinhem. Ce jour n'est-il pas un triomphe pour vous ?

JACQUELINE.

Que je hais cet appareil ! que je redoute le tumulte de cette journée, et sur-tout la présence du comte Hermann ! Claire, il va me parler encore de son fastidieux amour.

CLAIRE.

Madame, ce n'est point un amant, c'est un vassal que le comte doit aujourd'hui présenter à vos yeux.

JACQUELINE.

Que m'importe ce vain hommage, qu'un vassal puissant va rendre à l'héritière d'Olzebourg ? Pourquoi faut-il qu'un tyrannique usage, me force, pour le recevoir, d'interrompre le deuil solitaire qui règne dans ce séjour ? Depuis un an privée de mon père, l'unique appui de ma jeunesse ; j'espérais, du moins, conserver un ami, un consolateur, un frère. Le chevalier Ulric, qu'il adopta dès sa naissance ; dont l'enfance accompagna la mienne : Ulric vient aussi de descendre au tombeau.

CLAIRE.

Hélas ! madame, nous pleurons tous ce brave chevalier ; mais un reste d'espérance se glisse encore dans nos cœurs.

JACQUELINE.

Pourquoi s'abuser, Claire ? Ulric a péri les armes à la main ; une lettre du fidèle Ratsner, son écuyer, m'apprend cette affreuse nouvelle ? Te souviens-tu du jour où le baron, mon père lui remit son épée ? « Vas, mon fils, lui dit-il, cours aux champs de l'honneur ; défends ta patrie et l'innocence opprimée ; pour illustrer ton nom, tu n'as pas besoin d'ancêtres ». Il partit. Armé chevalier par l'empereur, il honora ce titre par sa vaillance et ses vertus. Deux ans se sont écoulés, et déjà la mort nous a séparés pour toujours. Tout ce que j'aimais n'est donc plus ! J'ai perdu tout ce qui m'attachait à la vie ! Des larmes, d'inutiles regrets : voilà désormais mon partage.

C L A I R E.

Nou, ma chère maitresse, cette douleur affreuse ne consumera pas vos plus beaux jours Vous retournerez au sein des plaisirs, que votre âge, les richesses et les honneurs faisaient naître autrefois sous vos pas.

J A C Q U E L I N E.

Jamais le souvenir d'Ulric ne s'effacera de ma mémoire ; tout se réunit pour me le rappeler sans cesse. Ces lieux, témoins de nos premières années ; l'écrit où mon père traça ses dernières volontés, et m'ordonna de pourvoir à la fortune de son fils adoptif. Ce portrait, (*elle tire un portrait de son sein,*) que je regarde comme le bien le plus précieux de son héritage : tout cela, Claire, le rendra sans cesse présent à ma pensée. (*musique.*) Mais, qu'est-ce ?
(*Musique.   Un écuyer se présente.*)

S C È N E I I.

L E S P R É C É D E N S. U N É C U Y E R.

L'E C U Y E R.

LE bailli d'Olzebourg.

J A C Q U E L I N E.

Que me veut-il ?

L'E C U Y E R.

L'affaire qui l'amène, dit-il, est très-pressante, et ne peut souffrir de délai.

J A C Q U E L I N E.

Faites entrer. (*musique. L'écuyer introduit Bettmann.*)

S C È N E I I I.

L E S P R É C É D E N S, B E T T M A N N.

B E T T M A N N.

MADAME, c'est aujourd'hui, vous le savez, que le Seigneur Hermann, comte de Reczeinhem, rend hommage à la baronnie d'Olzebourg, dont il relève. L'honneur de votre illustre maison exige que vous le receviez avec toute la grandeur, la majesté, la...

JACQUELINE.

Faites-moi grâce de vos avis.

BETTMANN.

Madame, feu monsieur le baron, votre père, ne s'en formalisait pas. L'an passé même encore, à pareil jour, il me fit l'honneur de me consulter. Disposerai-je toutes choses comme de son vivant?

JACQUELINE.

Disposez.

BETTMANN.

Mais il y a certains détails....

JACQUELINE.

Voyez l'intendant.

BETTMANN.

Mais, madame, voici la première année que le seigneur de Reczeinhem rend son hommage en personne. (*à part.*) Point de réponse. (*haut.*) Je me suis fait l'honneur de représenter à madame...

JACQUELINE.

Finissez.

BETTMANN.

J'observe à madame, qu'aujourd'hui, je suis magistrat municipal, maître des cerémonies et chancelier; que je vais avoir affaire au seigneur de Reczeinhem; et foi de Bettmann! ce comte est un homme fort étrange : il bat ses gens, estropie ses vassaux, dépense comme un empereur et ne paye point ses dettes. De plus, on ajoute qu'il n'est pas très-légitimement possesseur...

JACQUELINE.

Paix.

BETTMANN.

Permettez , madame. (*A voix basse.*) Il projette , dit-on, d'épouser votre baronnie pour refaire son comté.

JACQUELINE.

Vous oubliez le respect que vous me devez et la gravité de votre caractère.

BETTMANN, *à part.*

Tudieu! Bettmann, une femme te déconcerte. (*haut.*) Madame, feu monsieur le baron , votre père, qui était bien le plus humain, le plus affable des barons de l'Allemagne....

JACQUELINE.

Avez-vous entrepris de mettre à bout ma patience? Sortez.   BETTMANN, *à part.*

Oh! pour le coup je me donne au diable. Quelle arrogance! (*haut.*) Eh bien; oui , madame, je sors. Je ne vous rappellerai point que monsieur le baron dotait , tous les ans, à pareil jour, six jeunes filles du village.

(*à part, en s'en allant.*) O ! monsieur le baron, où êtes-vous ? vous me répondiez au moins, et ne me chassiez pas de votre présence.

JACQUELINE.

Revenez. A combien se montait cette dot ?

BETTMANN.

A cent ducats pour chacune, madame la baronne.

JACQUELINE.

On en donnera deux cents.

BETTMANN, *à part.*

Tudieu ! orgueil et bienfaisance ! Un défaut saute au yeux, et souvent il cache une vertu. (*musique.*)

(*On entend du bruit.*)

JACQUELINE.

Quel bruit soudain !　　　(*musique.*)

SCÈNE IV.

LES PRÉCÉDENS, **PAGES** *et femmes de Jacqueline.*
(*Plusieurs pages et suivantes entrent avec précipitation.*)

UNE SUIVANTE.

Madame, madame....

JACQUELINE.

Pourquoi ce désordre, ces cris ?

LA SUIVANTE.

Madame, c'est l'écuyer...

JACQUELINE.

Eh bien !

LA SUIVANTE.

L'écuyer du chevalier Ulric....

JACQUELINE.

L'écuyer d'Ulric ! où donc est-il ?

LA SUIVANTE.

Il est ici, madame.

JACQUELINE.

Il est ici !... Hélas ! il vient sans doute me confirmer la mort.... Qu'il entre, que je le voie.　　　(*musique.*)

SCÈNE V.

LES PRÉCÉDENS, **RATSNER.**

RATSNER.

Madame, envoyé par mon maître...

JACQUELINE.

Que dis-tu ? ton maître !...

RATSNER.

Il me suit, madame, et bientôt vous allez le voir à vos pieds.

JACQUELINE.

Il te suit ! Est-ce un songe ? Ulric est vivant ! O jour mille fois heureux ! (*à part.*) Ah ! je sens que ma joie trahirait le secret de mon cœur ; retirons-nous un moment. (*Haut.*) Je vais tout disposer pour le recevoir. (*A ses femmes.*) Que tout ici respire l'allégresse et le bonheur ! Le retour d'un frère chéri, dont je pleurais la mort, doit être célébré par les jeux et les plaisirs. Vous, Bettmann, donnez à la cérémonie qui se prépare, pour l'hommage du comte, toute la solemnité qu'elle exige. Et toi, bon Ratsner, je n'ai point oublié combien tu fus cher à mon père.   (*musique.*)
(*Elle sort, suivie de tout le monde, excepté Ratsner.*)

SCENE VI.

RATSNER, *seul.*

Elle n'a point oublié combien je fus cher à son père ! Il m'en souviendra toujours, à moi. Jarni ! ce n'est pas un des moindres chagrins de la vieillesse, que de survivre à ceux qu'on a tant aimés, qu'on a servis de si bon cœur, et qui savaient tenir compte aux gens de leur zèle et de leur amitié. (*Il fixe le portrait du baron.*) Bon maître ! quand vous nous avez envoyés à l'armée, le chevalier Ulric et moi, vous nous avez serrés dans vos bras.... Oui, ce brave seigneur embrassa son vieux Ratsner, et toutes les fois que j'y pense.... (*Il essure ses yeux.*) Allons console-toi, mon ami, c'est par-là qu'il nous faut tous finir. (*Il s'assied.*) Tandis que je radote ici, mon jeune maître cause, rit et pleure, entre la bonne Catherine et sa fille, et je n'ai dit à personne que nous avions visité la chaumière avant le château ; ce n'est pas que madame la baronne en eût été fâchée, mais il faut être discret.

Jarni ! cette dame Catherine me plait toujours : l'œil vif, l'esprit jovial et le cœur bon, tout cela s'arrangerait à merveille avec la retraite d'un vétéran. Oui, mais il n'y a qu'une petite difficulté : Catherine est la mère de la plus jolie personne de toute la Germanie, et mademoiselle juliette, cette jolie personne, est la maitresse du chevalier, rien que cela. A tous seigneurs, tous honneurs ; or, le serviteur ne peut devenir le beau-père de son maître. Brave chevalier ! pourquoi faut-il que sa naissance soit à jamais un secret pour lui, tandis qu'elle n'en est pas un pour moi ? car, après feu monsieur le baron, j'en étais seul dépositaire. Moi, Ratsner, pauvre écuyer, je pourrais d'un seul mot faire la fortune de mon maître, et lui donner un haut rang dans le monde.

Oui, je le pourrais.... et pourtant je ne le peux pas. J'ai juré à feu monsieur le baron, de ne révéler jamais ce secret, et de l'emporter avec moi dans l'autre monde, à moins que l'honneur ou la vie de mon maître ne fussent en danger; ainsi j'espère que le secret et moi, nous mourrons ensemble, car j'aimerais mieux l'emporter à l'instant même, que le laisser échapper, il ne sera pas dit que Ratsner ait faussé un serment. (*musique.*) Ah ! ah ! voilà tout en l'air dans le château. J'entends des cris de joie ; madame la baronne revient. (*musique.*)

SCENE VII.

JACQUELINE, RATSNER, *Suivantés , Ecuyers ,* **ULRIC** *, suivi de tous les hommes-d'armes de Jacqueline.*

JACQUELINE.

Rₐₜₛₙₑᵣ, le chevalier tarde bien à paraître. (*musique.*)

RATSNER.

Le voici, madame.　　　　　　(*musique.*)

(*Ulric entre , environné des soldats et des gens du château.*)

ULRIC.

Ah ! madame, quel jour heureux pour moi !

JACQUELINE.

Cher Ulric, je vous revois !

ULRIC.

C'est à vos genoux, madame, que je dois déplorer la perte d'un protecteur généreux.

JACQUELINE, *le relevant.*

Chevalier, il vous appelait son fils ; mais le tendre intérêt qu'il vous porta, vous le retrouverez ici dans tous les cœurs ; vous le reconnaissez à la joie que votre aspect y fait renaître.

RATSNER,

Mes enfans, laissons ensemble nos jeunes maîtres. On a bien des choses à se dire, quand on ne s'est point vu depuis deux ans, et qu'on s'est cru morts les uns ou les autres. J'espère qu'aujourd'hui les danses iront leur train Allons arranger tout cela.　　　　(*musique.*)

(*Il sort avec tout le monde*)

SCENE VIII.

JACQUELINE, ULRIC.

JACQUELINE.

OH ! pourquoi mon père ne partage-t-il pas avec nous ce fortuné moment ? Il ne vous a point oublié , mon ami , dans l'écrit qui contient ses dernières intentions.

U L R I C.

Eh ! quoi ! madame, il daigna se souvenir de moi, fils du malheur ! je dois donc bénir la destinée d'avoir prolongé mon obscure existence... Non, cette âme grande et sensible n'a point quitté la terre ; elle respire toujours ici ; vous la possédez toute entière, et faites revivre les vertus, la bonté, la vraie noblesse du baron d'Olzebourg.

J A C Q U E L I N E.

C'est trop me flatter, chevalier.... Il est donc une noblesse plus vraie, plus réelle que celle de la naissance et des titres ? Ah ! oui. je commence à croire, à sentir que l'esprit, la vertu, le courage, unis à la modestie.... Mais, dites-moi, par quel prodige vos jours ont-ils été conservés.

U L R I C.

Dans le dernier combat livré par l'empereur, je m'engageai trop avant peut-être, dans les rangs ennemis. Je fus pris, et le bruit de ma mort se répandit aussi-tôt dans notre armée ; mais la paix ayant suivi de près la victoire, le premier usage que j'ai fait de ma liberté, a été de voler aux pieds de mon auguste bienfaitrice.

J A C Q U E L I N E.

Ce titre n'appartenait qu'à mon père ; mais il me reste une tâche bien douce à remplir, celle d'exécuter la plus juste, la plus sacrée de ses volontés. Il vous lègue les revenus d'une terre en Westphalie, mais j'atteste qu'à ses derniers momens, son intention était de vous en donner la propriété.

U L R I C.

Madame, j'admire l'ingénieux détour de votre cœur bienfaisant pour me faire accepter vos dons, et pour en voiler la magnificence. Tant de générosité, de délicatesse me confond. Je....

J A C Q U E L I N E.

Vous rougissez ; votre fierté se révolte en secret ; rassurez-vous, Ulric, vous devez tout à mon père. La fortune n'est pas tout-à-fait le gage du bonheur, mais pour qui sait en user, elle est celui de l'indépendance. Songez que je représente, en cet instant, le mortel vertueux qui adopta votre enfance. Mon ami, vous acceptez, n'est-ce pas ?

U L R I C, *baisant la main de Jacqueline.*

Ange de bonté, vous ordonnez, et j'obéis.

J A C Q U E L I N E.

A présent, mon ami, permettez-moi de vous demander quel usage vous ferez de cette liberté, qui devient votre partage.

B

ULRIC.

Ma patrie n'a plus besoin de mon bras ; la vie dissi-
pée du monde a peu d'attraits pour moi. Content de peu ,
je goûterai les charmes d'une vie sans orages, au sein de
la retraite et de la paix.

JACQUELINE.

Bien , mon ami, bien ; je vous félicite et vous admire.
Quel azile choisirez-vous , Ulric ?

ULRIC.

Celui que votre bienfaisance daigne m'offrir en Westphalie.

JACQUELINE.

Quoi ! si jeune encore, l'idée d'une entière solitude
n'a rien d'effrayant pour vous ! croyez-moi, cher Ulric,
entre le fracas tumultueux du grand monde et le morne
silence d'un désert, il est un séjour pour la sagesse.
Mon ami, c'est ici, près de moi qu'il faut rester. N'est-
ce pas ici que s'écoulèrent nos premières années ? Souvenirs charmans, consacrés par l'amitié, vous m'inspi-
rez sur l'avenir, en m'offrant l'image de ma félicité passée. Vous resterez , n'est-il pas vrai ?

ULRIC.

Madame....

JACQUELINE.

Ne suis-je plus votre sœur, votre amie ?

ULRIC.

Eh bien ! mon amie ; puis-je accepter cette faveur si
douce, si flateuse pour moi, de passer près de vous des
jours qui vous sont consacrés par la reconnaissance ?
Brillante de jeunesse et de beauté, environnée de gran-
deurs et d'opulence, le monde réclame en vous l'un de
ses plus précieux ornemens. L'amitié ne suffira pas
toujours à ce cœur né sensible. La nature vous a formée
pour l'honneur de votre sexe, l'admiration du nôtre ,
et le bonheur d'un époux. Alors, des soins plus im-
portans, des affections plus puissantes, occuperont vos
loisirs,...

JACQUELINE.

Et ces soins, ces affections, vous les partagerez avec
moi , cher Ulric. Que dis-je ? Vous ne cesserez point
d'en être l'objet.... Un ami tel que vous peut-il jamais
perdre ses droits ?....

ULRIC.

Madame , je sens tout le prix....

JACQUELINE.

Votre embarras prouve la délicatesse de votre ame,
et me fait une loi de vous ouvrir la mienne. Il est un
sentiment qui change nos idées , nos opinions et les pré-

jugés de notre enfance; il renverse tout ce qui s'oppose
à son but, il rapproche toutes les distances.... Vous
m'entendez, mon ami; consultez votre cœur, et ne
doutez jamais du mien. (*Musique, elle sort.*)

SCENE IX.
ULRIC, *seul.*

SUIS-JE frappé de la foudre, juste ciel ? je n'en puis
douter, ce n'est point par la seule reconnaissance que
Jacqueline veut être payée de ses bienfaits. Hélas! je
croyais toucher au bonheur, et tout-à-coup un abime
s'ouvre devant moi. Puis-je trahir celle que mon cœur
a choisie ?..... Puis-je outrager par un refus la fille de
l'homme généreux, dont la main bienfaisante daigna
m'arracher à l'infortune; celle qui, pour moi seul, ou-
bliant sa fierté, m'offre, sans ostentation comme sans
effort, le don de sa fortune et de sa main, le sacrifice
de son rang et de sa puissance ?..... Juliette a mon amour
et mes premiers sermens; Jacqueline est ma bienfaitrice et mon amie. Je n'ai donc à choisir qu'entre le
parjure et l'ingratitude! Ah! dieux! (*musique.*) Mais
j'apperçois Ratsner; cachons-lui mon trouble : il faut que
ce fatal secret reste enséveli dans le silence. (*musique.*)

SCENE X.
ULRIC, RATSNER.
RATSNER.

EH bien! monsieur, vive la joie !.... Bah! comme vous
êtes triste! Auriez-vous laissé votre gaité à la chaumière
de dame Catherine? Nous y retournerons après la cérémonie.
ULRIC.

Quelle cérémonie ?
RATSNER.

C'est aujourd'hui que le seigneur de Reczeinhem, en
personne, rend hommage de son comté à madame la
baronne. Savez-vous, monsieur, qu'il voudrait envahir
cette baronnie par un mariage? il faut empêcher cela.
ULRIC.

Moi, Ratsner !
RATSNER.

Oui, vous, Madame vous aime; elle vous consultera,
vous lui direz, s'il vous plait, que ce mariage ne lui
convient pas, et que monsieur le comte a la plus mau-
vaise réputation. Je sais tout cela des gens du château,
qui n'osent en parler à madame. Il arrive en cet instant.

On le dit très-orgueilleux ; il me tarde de le voir se mettre à genoux, la tête découverte, devant celle qu'il voudrait épouser. (*musique.*) Justement, le voici ; il vient avec madame la baronne. Pour moi, je vous dirai qu'elle m'a remis le commandement de ses hommes-d'armes ; et je vais me disposer à paraître, quand il en sera tems.

(*musique ; il sort.*)

SCÈNE XI.

JACQUELINE, ULRIC, LE COMTE.

LE COMTE.

QUEL changement subit, madame, s'est-opéré dans ce séjour ? hier encore, tout y portait l'empreinte d'une sombre mélancolie ; aujourd'hui, tout y respire la plus aimable gaîté. La seule présence d'un chevalier, dit-on, a produit cette heureuse métamorphose.

JACQUELINE.

Quelle que soit la cause du changement qui vous étonne, il est vrai que la présence du chevalier Ulric, fils adoptif de mon père, ne peut qu'être agréable et consolante pour mon cœur.

LE COMTE.

Le sort du chevalier est digne d'envie, madame, et tout inconnu qu'il me soit...

JACQUELINE.

Comte, il est devant vos yeux.

LE COMTE.

Chevalier, recevez mes sincères félicitations. Je connaissais déjà les bontés dont le seigneur d'Olzebourg vous avait comblé. Je vois que sa mort n'a pas détruit l'effet de ses vues bienfaisantes sur vous, et si mon crédit pouvait un jour être utile à votre fortune, comptez sur mon assistance et mon zèle.

JACQUELINE.

Le chevalier Ulric ne sera jamais mieux protégé que par son propre mérite, comte.

LE COMTE.

Adorable baronne, ne pourrais-je vous entretenir seul, il est des instans où la présence d'un tiers est aussi pénible pour lui, que pour celui qu'elle réduit au silence.

ULRIC.

Seigneur, je me retire.

JACQUELINE.

Pourquoi donc, chevalier ? Comte parlez devant Ulric ; il est mon ami, mon frère.

LE COMTE, *à part.*

Cet Ulric commence à me déplaire. (*haut.*) Quoi ! vous exigez....

JACQUELINE.

Je n'exige. rien ! Que signifie ce mystère ? qu'avez-
vous à me dire qu'Ulric ne puisse entendre ?

LE COMTE.

Eh bien ! madame, je vais parler, ce jour, qui met
un terme à vos chagrins, n'en mettra-t-il pas un à votre
indifférence ?

JACQUELINE.

Ce reproche est injuste. La considération, l'estime....

LE COMTE.

Eh ! madame, votre estime peut-elle suffire à mon
cœur ?

JACQUELINE.

Que voulez-vous de plus ?

LE COMTE, *avec force.*

Pouvez-vous l'ignorer encore, l'amour....

JACQUELINE.

L'amour !.... Dites-moi, cher Ulric, quel est ce sentiment qui trouble ainsi la raison ?

LE COMTE.

Eh ! madame...

JACQUELINE.

Parlez, Ulric.

ULRIC.

L'amour véritable est le plus exquis, le plus délicieux
sentiment de la nature. Il adoucit les cœurs les plus
farouches, élève les âmes les plus communes, et ne
connaît de distinctions que celles des graces, des vertus
et de la beauté.

LE COMTE.

L'amour est un feu dévorant qu'allume un seul regard,
que l'espoir nourrit, que la jalousie irrite : qui s'accroit
par les obstacles, vous pousse aux plus sublimes actions
comme aux plus grands crimes, et ne connait dans la
nature de limite que sa propre puissance.

JACQUELINE.

Ah ! ce sentiment, tel que vous venez de le peindre,
ne serait qu'un supplice affreux ; je ne le partagerai
jamais.

LE COMTE.

Quoi ! vous me défendez même d'espérer !

JACQUELINE.

Ne vous en ai-je point assez dit, comte ?

LE COMTE.

Vous rejettez pour toujours l'hommage de mon cœur ?

JACQUELINE.

Pour toujours.

LE COMTE.

Révoquez, madame, révoquez ce foudroyant arrêt.

Vous ne connaissez pas l'homme que vous dédaignez.
Fougueux amant, implacable ennemi...

JACQUELINE.

Epargnez-vous d'inutiles menaces. Prétendez-vous ty-
ranniser mon cœur ?

LE COMTE.

Malheur à l'indigne rival !... (*Regardant Ulric.*) Malheur à celui dont les vœux insensés seraient préférés aux
miens !

ULRIC.

Est-ce à moi, comte, que ce discours s'adresse ?

LE COMTE.

A vous.

JACQUELINE.

Quelle audace ! Oubliez-vous que vous êtes en présence de la baronne d'Olzebourg, et que dans ce lieu
même vous allez lui jurer soumission et fidélité ? attendez ici mon retour. Venez, Ulric.   (*musique.*)
      (*Elle présente la main à Ulric, et sort avec lui.*)

SCÈNE XII.
LE COMTE, *seul.*

JE l'avoue, ce coup imprévu me confond. Je ne m'attendais pas à trouver un rival dans un orphelin né dans
la bassesse et nourri par la pitié. Quoi ! depuis un an,
je soupire en esclave pour cette orgueilleuse suzeraine,
et je me verrais indignement sacrifié au plus obscur des
hommes ! et je perdrais l'espoir d'anéantir ce droit avilis-
sant qui fait un méprisable vassal d'un des plus puissans
seigneurs de l'Allemagne !   (*musique.*)

SCENE XIII.
LE COMTE, ALTORF.
LE COMTE.

VIENS, Altorf, je suis outragé, trahi ; j'ai un rival.

ALTORF.

Un rival ! et quel est, seigneur, le téméraire ?...

LE COMTE.

Un de ces enfans du mystère, abandonné par le crime
et recueilli par la pitié.

ALTORF.

Son nom ?

LE COMTE.

Ulric.

ALTORF.

Ulric ! l'amant de Juliette !

/

LE COMTE.

Que dis-tu ?

ALTORF.

Oui , seigneur, le chevalier Ulric , élevé depuis son enfance dans ce château, est l'amant d'une jeune villageoise d'Olzebourg , nommée Juliette.

LE COMTE.

Qui te la dit ?

ALTORF.

Depuis près d'un an que vous habitez Reczeinhem, cherchant à tromper l'ennui de la solitude , j'avais découvert dans le village d'Olzebourg cette Juliette, dont la jeunesse et la fraicheur m'ont inspiré beaucoup d'amour ; mais je n'avais pu réussir à lui plaire. J'espérais tout du tems , avec d'autant plus de confiance que la jeune fille, seule avec sa mère, ne voyait personne, et ne paraissait pas favorisée de la fortune. Ce matin , je rôdais autour de sa chaumière, quand un jeune chevalier, beau, leste et bienfait s'est offert à la vue de Juliette. Seigneur, il n'y a qu'un amant qui puisse recevoir un tel accueil. Eh bien ! ce même chevalier, je viens de le revoir avec la baronne ; et à son aspect, le nom d'Ulric a volé de bouche en bouche.

LE COMTE.

O précieuse découverte ! Femme capricieuse et hautaine, tu sauras par moi que ton Ulric te donne une rivale digne de lui. Que me servirait, Altorf, d'avoir jusqu'ici fixé les faveurs de la fortune, si la possession de Jacqueline n'y met enfin le comble ! l'intérêt et l'amour me la rendent également nécessaire.

ALTORF.

Seigneur, j'avoue que tant de charmes mérite l'hommage d'un cœur comme le vôtre ; mais l'immense héritage du comte de Reczeinhem , votre père , ne vous permet-il pas de donner tout à l'amour, et rien à l'intérêt ?

LE COMTE.

Et si cet héritage m'échappait un jour : Altorf, il faut tout prévoir. Tu sais que j'ai sacrifié les liens du sang à la fortune ; que j'ai attiré sur la tête d'Albert, mon frère aîné, la haine de sa famille , en mettant à profit les égaremens que l'amour lui fit commettre. Proscrit, déshonoré, chargé de la malédiction paternelle, il me laissa , par sa fuite, maître des biens immenses de la maison de Reczeinhem. Quelques années après , il succomba sous le poids de sa misère, avec l'objet de son amour. Mais ne laissèrent-ils pas un enfant au berceau ? Ne disparurent-ils pas quelques mois , avant leur mort, des environs de Vienne, où ils trainaient depuis six ans,

leur obscure existence ? et cette mort même , quel autre
garant pourrais-je en offrir qu'un écrit de cette femme
qui les a servis ; écrit ou l'on se tait sur le sort de l'enfant, sur son sexe et sur les lieux où ses parens ont
cessé de vivre.

ALTORF.

Seigneur, que pouvez-vous craindre, après les voyages
et les recherches aussi exactes qu'infructueuses, que j'ai
faites depuis seize ans , par vos ordres, dans toute l'Allemagne ; croyez que si cet enfant vivait encore , il aurait déjà réclamé ses droits à la succession de son père.

(*Musique.*)

LE COMTE.

J'entends le prélude de cette odieuse fête. La baronne
s'avance ; le sourire de l'orgueil est sur ses lèvres... Ah !
je jure, Altorf, qu'aujourd'hui même , je cesserai d'être
son vassal. (*musique.*)

SCÈNE XIV.

LES PRÉCÉDENS, JACQUELINE, ULRIC, LE COMTE,
JULIETTE, CATHERINE, *dans la foule;* RATSNER,
BETTMANN , ECUYERS , PAGES , HOMMES-D'ARMES.
DE JACQUELINE ET DU COMTE.

(*Jacqueline s'assied sur une estrade ; le Bailly se place au-*
dessous , vis-à-vis d'une table disposée pour lui seul ; Ulric
se place à la gauche du théâtre , vis-à-vis de Jacqueline.)

LE COMTE, *se prosternant.*

JE jure foi et hommage à la baronne d'Olzebourg, dame
suzeraine du château de Reczeinhem.

JACQUELINE.

Je promets sûreté et protection à mon fidèle vassal,
Hermann comte de Reczeinhem. (*musique.*)

(*Le comte se relève et va baiser la main de Jacqueline, qui*
le fait asseoir près d'elle.)

BETTMANN, *se mettant à la tête des villageois.*

Madame, permettez que les habitans du village d'Olzebourg joignent à l'hommage du seigneur de Reczeinhem
celui de leurs respects pour votre auguste personne. Cet
usage à constamment été suivi du tems de vos nobles ayeux,
et les Baillis d'Olzebourg ont toujours, en cette occurence , signalé leur zèle et soutenu l'honneur de leur
charge. (*Il tire un gros cahier de sa poche.*) Les fiefs du
tems de Charlemagne...

JACQUELINE.

Passez l'histoire de fiefs.

BETTMANN.

Sauter les fiefs, madame! Y a-t-il donc rien de plus grand, de plus beau, de plus utile ?...

RATSNER.

Oui, pour les Baillis.

BETTMANN, *passant plusieurs feuillets.*

La noblesse de votre illustre race remonte....

JACQUELINE.

Passez la généalogie.

BETTMANN.

Eh ! que deviendra donc ma harangue ?

RATSNER.

Passez, passez toujours ; elle en sera plus courte.

BETTMANN, *au dernier feuillet.*

Enfin, j'arrive à vous, monsieur le baron.

RATSNER.

Qu'est-ce que vous dites ?... ah ! je comprends ; c'est votre discours de l'an passé. Vous deviez au moins changer les noms.

BETTMANN.

Madame la baronne, dis-je, enfin, j'arrive à vous. Comment dignement célébrer tant de vertus ? vous avez en partage la sagesse de Diogène et l'esprit de Salomon...

RATSNER.

Diogène! Salomon! madame la baronne !

BETTMANN.

La noblesse de Charlemagne et la valeur de Samson...

RATSNER.

Ah ! ah ! ah !   (*tout le monde rit.*)

BETTMANN.

Silence ! silence ! je n'ai plus qu'un mot... je vous souhaite la vie de Mathusalem.

RATSNER.

Amen ! ainsi-soit-il ! par la tête, monsieur le bailli, voilà ce que vous avez dit de mieux. (*Bettmann retourne à sa place, Jacqueline se lève.*)

LE COMTE.

Madame, l'élite de mes hommes d'armes désirerait figurer sous vos yeux, l'un de ces nobles exercices où la valeur et l'adresse ne demandent pour prix de leurs efforts qu'un sourire de la beauté.

JACQUELINE.

Comte, je ne puis qu'être sensible à cette preuve de leur zèle.   (*musique.*)

(*Les écuyers du comte exécutent plusieurs combats.*) (*Bettman va chercher Juliette dans la foule et l'amène en présence de Jacqueline. Elle tient une couronne de fleurs.*)

ULRIC, *à part.*

Juliette !

C

BETTMANN.

Venez, ma belle enfant. Pour couronner la vertu, j'ai dû choisir la modeste et naïve innocence !

ALTORF, *bas au comte.*

C'est Juliette.

LE COMTE.

Que pensez-vous, madame, de cette jeune personne ?

JACQUELINE.

L'aimable candeur ! que de grâces dans sa simplicité !

LE COMTE, *bas.*

Elle possède, dit-on, le cœur du chevalier Ulric.

JACQUELINE, *à part.*

Que dit-il ? (*musique. Elle regarde alternativement Ulric et Juliette.*) Serait-il vrai ? (*musique.*)

» Bettmann conduit sur le premier dégré de l'estrade Ju-
» liette qui présente, en tremblant, la couronne à Jac-
» queline ; celle-ci la prend d'un air dédaigneux, et la
» donne à l'une de ses femmes. Juliette descend, et va
» rejoindre Catherine, auprès de laquelle Ratsner s'est
» placé. »

BETTMANN.

Madame, oserais-je vous demander une grâce au nom des habitans du village.

JACQUELINE.

Parlez.

BETTMANN.

C'est d'honorer de votre présence la fête qu'ils doivent célébrer aujourd'hui.

JACQUELINE.

Nous verrons.   (*musique.*)

(*Bettmann, après une profonde révérence, se met à la tête des villageois.*)

LE COMTE, *à mi-voix.*

Madame, je vous ai présenté, dans ce jour, le double hommage de ma puissance et de mon cœur ; vous n'en avez accepté qu'un ; bientôt peut-être sentirez-vous tout le prix de l'autre.   (*musique.*)

» Le comte sort ; il est suivi de ses hommes-d'armes, com-
» mandés par Altorf. Les villageois sortent ensuite avec
» Bettmann ; enfin, les hommes-d'armes de Jacqueline
» défilent, conduits par Ratsner. «

SCÈNE XV.

JACQUELINE, ULRIC.

(*Ulric veut sortir, Jacqueline l'arrête.*)

JACQUELINE.

JE ne puis rester plus long-tems dans cette affreuse in-
certitude. (*haut.*) Eh bien ! chevalier, n'avez-vous rien à
me dire ?

U L R I C, *à part.*

Cruelle situation !

J A C Q U E L I N E.

Rien !... vous baissez les yeux ; vous craignez sans doute
de me laisser appercevoir la trace du feu qui les animait à
l'aspect de cette jeune fille...

U L R I C.

Quoi ! madame...

J A C Q U E L I N E.

Vous vous troublez ! vous m'avez trompée.

U L R I C.

Je vais enfin rompre un silence qui serait pour nous deux
la cause des plus grands malheurs. Inconnu dès ma naissance, élevé par la commisération de votre père, n'ayant
de fortune que l'épée dont je fus armé par lui, pouvais-je
prétendre à l'honneur de m'unir un jour à sa fille ? et cette
coupable audace n'eût-elle pas été le comble du délire et
de l'ingratitude ? O Jacqueline ! vous m'appelâtes votre
ami, et ce titre faisait toute ma gloire ; il dut suffire à mon
ambition.

J A C Q U E L I N E, *après un instant de silence.*

Parlez, continuez. (*à part.*) Juste ciel ! que va-t-il
m'apprendre ?

U L R I C.

J'avais une amie, bientôt j'eus une amante.

J A C Q U E L I N E.

Une amante ! quelle est-elle ?.... ah ! je la connais ; c'est
elle dont la perfidie...

U L R I C.

Jamais la perfidie n'entra dans l'âme de Juliette.

J A C Q U E L I N E.

Quoi! c'est elle !.... hélas! j'en aurais encore douté....
finissons ce cruel entretien. (*avec une feinte tranquillité.*)
Après tout, votre ingratitude m'épargne les regrets dont
ma faiblesse eût été suivie. J'oubliais mon rang, j'oubliais
votre origine ; vous en aviez conservé tous les penchans.
(*avec explosion.*) Mais que ton odieuse Juliette ne s'ap-
plaudisse pas de l'abaissement où tu m'as réduite... Couvert de mes bienfaits...

U L R I C.

Ah ! reprenez vos dons ; je ne veux conserver pour moi
que la reconnaissance. Adieu, madame.

J A C Q U E L I N E.

Vous me quittez ?

U L R I C.

Adieu, Jacqueline. Un jour peut-être vous rendrez plus
de justice à celui que des préjugés barbares vouèrent à
l'infortune, mais non à l'infamie. Vous donnerez ; oui,

vous donnerez alors quelques regrets à sa mémoire, et quelques larmes au repentir. Vous...

JACQUELINE.

Sortez.   (*musique.*   *Ulric sort.*)

SCÈNE XVI.

JACQUELINE, *seule.*

AU repentir! dangereux reptile, tes regards lancent le poison, et tu demandes des larmes de repentir à ta victime!... ah! c'est trop lâchement insulter au cœur que tu méprises!... il est donc vrai que je suis abandonnée, outragée, par celui dont j'attendais le bonheur de ma vie!... Eh quoi! la vengeance n'a point encore suivi l'affront... Ces détestables amans jouiront en paix, sous mes yeux, de leur affreux bonheur.... L'amour, cette passion déchirante, dont je ne sens plus que les fureurs, sera pour eux une source de délicieux plaisirs!... Non, non, vous n'êtes point encore unis, couple odieux.... Ah! je reprends enfin toute l'élévation de mon rang et de mon caractère; j'userai de toute la force de mon pouvoir; je les poursuivrai par-tout, je les entraînerai dans une abime de malheurs et de vengeance, dussé-je m'y précipiter moi-même après eux!   (*musique. Elle sort.*)

Fin du premier Acte.

ACTE II.

Le théâtre représente, à droite et à gauche, sur le devant, plusieurs chaumières, dont une est l'habitation de Juliette. Le fond offre en perspective, le château d'Olzebourg d'un côté; et de l'autre, celui de Reczeinhem. Le lieu de la scène est disposé pour une fête.

SCÈNE PREMIÈRE.

JULIETTE, CATHERINE, *sortant de leur chaumière.*

CATHERINE.

MAUDIT bailli! de quoi s'avisait-il aussi de nous aventurer dans ce château? Oui, oui, je le répète, ma Juliette vaut mieux que toutes les grandes dames de la Souabe; et la dame d'Olzebourg ne mérite pas la couronne qu'on lui a présentée.

JULIETTE.

Ma mère, ne vous fâchez plus contre la baronne.

CATHERINE.

Elle ne sait pas qui elle méprise; non, non, elle ne le

suit pas. Mais foi de Catherine! nous n'y retournerons plus. Qu'elle soit riche, riche tant qui lui plaira, on s'est passé d'elle, on s'en passera bien encore.... Mais, mon dieu! ma Juliette, ne sois donc pas si triste.

JULIETTE.

Vous allez condamner ma faiblesse; mais j'ai senti mon cœur se serrer à l'aspect de la baronne. Que son regard est vif et pénétrant! elle m'a fait trembler. Et puis, vous le dirai-je? quand j'ai vu près d'elle mon cher Ulric, je n'ai plus été maitresse de mon trouble; j'ai cru qu'elle en avait deviné la cause; j'ai vu le courroux et la menace dans ses yeux.

CATHERINE.

Bon dieu! bon dieu! les amoureux ne changeront-ils jamais? Voilà pourtant comme j'étais, il y a quarante ans; et les vieux ont beau louer le tems passé aux dépens de celui qui court; ma foi! l'histoire du tems passé est l'histoire de toujours, ou mes cinquante-cinq ans ne sont qu'un rêve. (*musique.*) Ah! voici Ratsner; dieu le bénisse et son jeune maitre!

SCÈNE II.
LES PRÉCÉDENS, RATSNER.

RATSNER.

GRAND merci, dame Catherine! Me voilà revenu du château, et pour long-tems, j'espère.

CATHERINE.

Vous resterez donc à la fête jusqu'au bout?

RATSNER.

Vraiment! Il s'agit bien pour nous de fête. Cachez-vous, mademoiselle: mon maître m'envoie vous dire que le bailli vous a inscrite sur son grimoire, par ordre de madame, et vous serez dotée, fiancée, mariée aujourd'hui même, s'il vous attrappe.

CATHERINE.

Jour de dieu! Par ordre de madame! Non, non, ma Juliette n'est pas fille à marier par une madame. Vite, vite, ma pauvre enfant, sauve-toi au logis; je te réponds que le bailli ne t'y prendra pas. (*Juliette rentre.*)

SCÈNE III.
RATSNER, CATHERINE.

CATHERINE.

MARIER les filles, bon quand elles le veulent et à qui leur plait. Aussi, feu monsieur le baron ne se mêlait-il que de la dot, et laissait chacun faire à sa guise. Tenez, Ratsner, j'ai la mort dans le cœur.

RATSNER.

Rassurez-vous, dame Catherine. Le bailly n'a qu'une heure ou deux pour se retourner; et quand il ne trouvera point votre fille, il faudra bien qu'il en cherche une autre. Je vous dirai, en confidence, que nous quittons le château.

CATHERINE.

Vous quittez le château. Contez-nous donc cela, monsieur Ratsner.

RATSNER, s'asseyant.

Il y a là-dedans un micmac du diable, où je ne puis rien comprendre. Mon maître et la baronne sont brouillés à n'en pas revenir.

CATHERINE.

Brouillés! et pourquoi?

RATSNER.

Tout ce que j'en sais, c'est qu'il nous faut chercher un gîte dans le village.

CATHERINE.

Eh bien! tant mieux; nous serons plus près les uns des autres.

RATSNER.

Nous avons eu la même idée. C'est bien dommage que...

CATHERINE.

Quoi donc, monsieur Ratsner?

RATSNER.

Oui, que.... jarni. Je ne sais comment vous tourner cela, Regardez-moi bien, dame Catherine. Je ne suis pas jeune, mais je ressemble à ces vieilles armures qui ne sont plus de mode, et dont la trempe est toujours bonne. Ce vieux écuyer ne vaudrait-il pas encore son prix? Heim! qu'en pensez-vous?

CATHERINE.

Comment donc! cet écuyer n'est pas si vieux. Ne sommes-nous pas du même âge?

RATSNER.

Vous, combien?

CATHERINE.

Cinquante-cinq, je crois.

RATSNER.

Et moi, soixante.

CATHERINE.

La santé, monsieur Ratsner, la santé rajeunit. Savez-vous que vous êtes encore frais?

RATSNER.

Oh! dame Catherine, vous êtes toujours honnête.

CATHERINE.

Ferme sur pied.

RATSNER.

Comme une tour.

CATHERINE.

Alerte et dispos.

RATSNER.

Comme un jeune cheval de bataille.

CATHERINE.

Toujours en belle humeur.

RATSNER.

Comme vous, dame Catherine ; et par-dessus tout cela,
presque amoureux.

CATHERINE, *s'approchant.*

Répétez donc, monsieur Ratsner.

RATSNER.

Vertudieu ! le mot est lâché, je ne m'en départirai pas.
Oui, presque amoureux.

CATHERINE.

Pourquoi pas tout-à-fait ?

RATSNER.

Oh ! cela m'est défendu.

CATHERINE.

Qui vous le défend ?

RATSNER.

Mes soixante ans et mes cheveux gris. Voyez-vous,
dame Catherine ? J'ai amassé quelque chose au service
de feu monsieur le baron ; j'aurais jetté la cuirasse.

CATHERINE.

Bon !

RATSNER.

Avec ce quelque chose, j'aurais acquis une petite chaumière.

CATHERINE.

Bon !

RATSNER.

Un petit jardin à côté.

CATHERINE.

Après.

RATSNER.

J'aurais partagé tout cela avec certaine personne que
vous connaissez un peu.

CATHERINE.

Je la connais !

RATSNER.

Et qui vous ressemble beaucoup.

CATHERINE.

Jarni ! Savez-vous que voilà un fort joli projet ?

RATSNER.

Oui, mais comme je disais, c'est grand dommage que...
que vous soyez la mère de votre fille.

CATHERINE.

Je ne vous entends pas.

RATSNER.

En conscience, là mon maître peut-il devenir mon gendre ?

CATHERINE.

N'est-ce que cela ? Touchez-là, monsieur Ratsner.

(*Elle lui tend la main.*)

RATSNER.

Je toucherai-là tant qu'il vous plaira, dame Catherine ; mais cela ne me fait pas avancer d'un pas.

(*Elle va chercher deux siéges, en présente un à Ratsner,
et s'assied sur l'autre.*)

CATHERINE.

Je vais tranquilliser votre esprit, en vous révélant un secret ignoré d'Ulric et de Juliette elle-même. (*à voix basse.*) Que penseriez-vous, si Juliette n'était pas ma fille ?

RATSNER.

Jarni ; qu'est-ce que vous me dites-là ?

CATHERINE.

N'en sonnez mot au moins. Ce méchant comte Hermann est son oncle.

RATSNER.

Son oncle !

CATHERINE.

Pas davantage. Ce comte avait un frère nommé Albert, qui était l'aîné ; ce frère fit un mariage clandestin ; ce mariage fut connu des parens, qui déshéritèrent Albert, et il finit par venir mourir, avec sa femme, dans cette chaumière. Ils laissèrent un enfant, c'était ma Juliette, qui depuis que nous sommes ici, passe pour ma fille, afin d'éviter la persécution du comte. Je les avais servis dans la prospérité, je ne les avais point abandonnés dans le malheur. Eh bien ! j'adoptai l'enfant de mes anciens maîtres, et nous n'avons point quitté le seul héritage qu'il lui laissèrent. Juliette de Reczeinhem vit dans une chaumière, presqu'au pied du château qui devrait lui appartenir.

RATSNER.

Mais, sa naissance est-elle légalement constatée ?

CATHERINE.

Oui, oui ; légalement.

RATSNER.

Pourquoi ne pas faire valoir ses droits ?

CATHERINE.

Une pauvre femme et une jeune innocente, contre un homme riche, de grande qualité, et méchant par dessus tout ! y pensez-vous, Ratsner ?

RATSNER.

Dame Catherine, tout cela ressemble furieusement à l'histoire du chevalier Ulric. Ces deux enfans-là m'ont bien l'air d'avoir été faits l'un pour l'autre.

CATHERINE.

Et voyons donc cette histoire; vous ne m'en avez rien dit encore.

RATSNER.

La fidélité, dame Catherine, la fidélité est la vertu d'un brave serviteur. Mais jusqu'à certain point, je puis vous rendre confidence pour confidence. Apprenez donc qu'un très-grand seigneur, bien riche, tenez, comme qui dirait feu monsieur le baron, est le père du chevalier, et que sa naissance a coûté la vie à sa mère. Ce grand seigneur était alors à Vienne. Honnête homme, il reconnut en secret son enfant; mais, s'étant marié quelque tems après, il résolut, pour la paix de sa maison, la tranquillité de son épouse et l'intérêt des enfans qu'il en aurait, de ne jamais déclarer la naissance d'Ulric; mais aussi de ne point perdre de vue son éducation, et de lui assurer un sort aussi honorable qu'indépendant. Il était l'intime ami de monsieur le baron, qui dans ce tems revint demeurer en ses domaines d'Olzebourg: l'intime, entendez-vous, dame Catherine; il lui confia son fils, et ce fut moi qu'on chargea d'amener le petit Ulric au château... Vous savez le reste.

CATHERINE.

Tout cela ne me fait pas plus savante; vous ne me dites point le nom du père ni de la mère.

RATSNER.

Serviteur. Au péril de ma vie, je ne puis en dire davantage.

CATHERINE.

A moi?

RATSNER.

A vous.

CATHERINE.

Mais, je vous ai dit tous mes secrets.

RATSNER.

Vous êtes femme, et je suis un homme.

CATHERINE.

J'apperçois le bailli. Tenons-nous ferme, au moins.

RATSNER.

Ne craignez rien, dame Catherine, nous sommes deux.

(*musique.*)

D

SCENE IV.

Les précédens, BETTMANN, *villageois et villageoises.*

BETTMANN.

Réjouissez-vous, dame Catherine, votre fille vient de m'être spécialement recommandée par madame la baronne, pour être mariée cette année.

CATHERINE.

Cela ne se peut, monsieur le bailli.

BETTMANN.

Comment, cela ne se peut ! que voulez-vous dire par-là, dame Catherine ?

CATHERINE.

Je veux dire que nous avons le tems d'attendre.

RATSNER.

Oui, monsieur le bailli, nous sommes encore trop jeunes, voyez-vous.

BETTMANN.

Et vous refusez la dot ?

CATHERINE.

Oui, monsieur le bailli, nous refusons la dot.

BETTMANN.

Réfléchissez-y, dame Catherine ; je veux bien encore vous dire que la dot est doublée par madame la baronne ; ce qui vaut bien qu'on y fasse attention.

CATHERINE.

Tout est réfléchi, monsieur le bailli.

BETTMANN.

En ce cas, j'en vais faire mon rapport à madame la baronne. (*musique.*)

(*Bettmann va pour sortir ; Altorf paraît dans le fond et s'avance lentement.*)

SCÈNE V.

Les précédens, ALTORF.

BETTMANN.

Que veut cette espèce d'écuyer ? qui vient lentement vers nous ?

RATSNER, *à Catherine.*

Jarni ! quelle figure sournoise.

BETTMANN.

Que demandez-vous ?

ALTORF, *à part.*

Je ne vois point ici le chevalier Ulric. (*haut.*) Le comte Hermann, mon maître, désirant contribuer à la fête que les habitans d'Olzebourg donnent à madame la baronne, m'envoie pour me concerter avec vous, sur cet objet.

B E T T M A N N.

Vous arrivez trop tard. J'ai dressé le plan de ma fête.

A L T O R F.

Et peut-on connaitre ce plan ?

B E T T M A N N, *un doigt sur le front.*

Il est-là ; mais il faut que j'y réfléchisse encore.

A L T O R F.

Il est tems.

B E T T M A N N.

M'y voilà ; j'y suis, vous dis-je. Mes six mariages, voilà ma fête. Un petit amour, un grand hymen ! Tudieu ! Bettmann, ta vervè s'électrise : maintenant, réglons les places ; là, madame la baronne, car elle m'a fait dire qu'elle viendrait à la fête : là, monsieur le chevalier Ulric ; là, monsieur le comte Hermann ; là, monsieur le bailli d'Olzebourg, Frédéric Bettmann. Voyons ; les fleurs, les guirlandes, tout est-il prêt ?

P L U S I E U R S   V O I X.

Oui, monsieur le bailli.

B E T T M A N N.

Suffit. Suivez-moi tous ; je vais régler l'ordre de la marche ; après quoi, nous irons chercher madame la baronne, et nous l'amènerons ici avec tous les honneurs qui lui sont dus. (*Musique. Sortie de Bettmann et des villageois.*)

S C E N E   V I.

RATSNER, CATHERINE, ALTORF.

A L T O R F, *à part.*

Restons pour observer, et tâtons le vieux rétif. (*Haut.*) Et vous, camarade, vous n'assistez point aux préparatifs.

R A T S N E R.

Serviteur. Cela ne me regarde pas. (*Altorf s'approche, Ratsner recule.*)   A L T O R F.

Il semblerait que je vous inspire quelque défiance. Allez, votre maître ne connait pas ses vrais amis.

R A T S N E R.

C'est ce qui vous trompe. Il me connait moi.

A L T O R F.

Le comte Hermann.

R A T S N E R.

Il ne connait pas le comte Hermann.

A L T O R F.

Patience ; dans peu, le chevalier lui rendra justice.

R A T S N E R.

C'est déjà fait.

A L T O R F.

Dites à votre maître que le mien désire l'entretenir un instant.

RATSNER.

Pourquoi, s'il vous plait ?

ALTORF.

Pour son intérêt, pour sa sûreté.

RATSNER.

On lui dira.

ALTORF.

Dans quel lieu le trouvera-t-on ?

RATSNER.

Il ne tardera pas à se rendre ici.

ALTORF.

Au revoir.

RATSNER.

Adieu.

ALTORF. *à part.*

Attendons ici près l'arrivée d'Ulric. (*il s'éloigne.*)

SCENE VII.

RATSNER, CATHERINE.

CATHERINE.

A PRÉSENT, Juliette peut sortir ; viens, mon enfant, le bailli ne te mariera pas encore cette année.

RATSNER.

Non, jarni ! (*musique.*) Et quelqu'un s'approche, qui lui épargnera cette peine pour l'année suivante. (*musique.*)

SCENE VIII.

LES PRÉCÉDENS, ULRIC, JULIETTE, ALTORF.

(*Au moment où Juliette sort de la chaumière, Ulric paraît ; ils se jettent dans les bras l'un de l'autre ; Altorf se montre un instant dans le fond.*)

ALTORF, *à part.*

Oui ! si la baronne était ici ; courons avertir monsieur le comte. (*il sort.*)

SCENE IX.

LES PRÉCÉDENS, *excepté* ALTORF.

JULIETTE.

Ulric, comme vous êtes agité ! Que vous est-il arrivé, mon ami ?

ULRIC.

Ma Juliette, on voulait nous séparer.

JULIETTE.

Nous séparer ! les cruels !

CATHERINE.

Ne serait-ce point cette baronne ?

ULRIC.

J'avais résolu de vous taire ce qui s'est passé ; mais la

certitude du danger ne me permet plus de ménagemens.
Le croiriez-vous? Une affreuse jalousie s'est emparée de
Jacqueline.   R A T S N E R.
Cela n'est pas possible.
                       U L R I C.
Mon vieil ami, cela n'est que trop vrai; tout est fini,
je n'ai plus de sœur!
                       R A T S N E R.
Elle l'est et le sera toujours; c'est moi qui vous en
réponds.   U L R I C.
Cet accueil, cette généreuse bienveillance, n'étaient
qu'un piége pour m'enlacer avec plus de force, et disposer
d'un cœur où Juliette règne sans partage.
                  B A T S N E R.
Il faut le croire, puisque vous le dites. Mais, mon
cher maître, cet amour-là me fait trembler. Si vous sa-
viez... si madame la baronne.... O mon dieu! mon dieu!..
Que dire? que faire? Si j'allais au château; si je lui
parlais... Eh! non, je ne le puis; malheureux, je ne le
puis.   J U L I E T T E.
La pauvre Juliette l'a donc emporté sur la riche et
belle Jacqueline!
                       U L R I C.
Fier de mon amour, j'ai nommé ma Juliette.
                  J U L I E T T E.
Qu'elle est à plaindre! Aimer Ulric, c'est tout simple;
ne pas en être aimé, ah! c'est un bien grand malheur. Il
faut bien que tout le monde l'aime; et pourtant il ne faudrait pas qu'une autre que Juliette en fut aimée. Pauvre
Jacqueline!   U L R I C.
Bonne Juliette, vous la plaignez, et dans cet instant
peut-être elle médite notre perte!
                  J U L I E T T E.
Serait-il possible?
                  U L R I C.
Je frémis encore de ses menaces. Son pouvoir est absolu
dans ces lieux; je ne vous le cache point, mes amis, il
faut absolument quitter ce village. Je crains que cette
nuit ne nous soit funeste.
                  J U L I E T T E.
Cette nuit.
                  R A T S N E R.
Oui, mademoiselle, cette nuit. Je vous dis, moi, que
nous ne pouvons sortir trop tôt d'ici.
                  U L R I C.
La vengeance ne dort point, et lui dérober une nuit,
c'est souvent prévenir un coup mortel. Mettons donc à
profit celle qui va suivre; son ombre cachera les traces
de l'amour opprimé. Une retraite profonde, un désert.

sera notre asile : Juliette, sa mère, un ami fidèle : voilà mon univers! Tu recevras ma foi, ils entendront nos sermens et nous goûterons sans trouble, sans allarmes, les délices d'un bonheur ignoré.

CATHERINE.

Ma foi, je n'y puis plus tenir; je vais parler, Ratsner; qu'en pensez-vous?

RATSNER.

Parlez; que risquez-vous, dame Catherine? cela vous est permis, à vous; et puis, il faut en finir promptement, et pour cause.

CATHERINE.

Ecoutez-moi donc tous deux; écoutez ce que me dit en mourrant le père de ma Juliette : mes malheurs et ton amitié, bonne Catherine, voilà le seul héritage que je laisse à ma fille : je te cède tous mes droits sur elle. Si la nature la condamne au triste fardeau de la vie, donne-lui pour époux un honnête homme, capable de la protéger contre l'usurpateur de ses droits.

ULRIC.

Que dites-vous, Catherine.

CATHERINE.

Monsieur, je vous répète les dernières paroles du comte Albert de Reczeinhem.

ULRIC.

Du comte Albert!

JULIETTE.

Quoi! ma mère!....

CATHERINE.

Hélas! mademoiselle; (car je ne puis plus vous appeler ma fille;) Catherine ne fut que la pauvre servante de votre mère, vos parens ont fini, dans cette cabane, une vie bien malheureuse; tandis que votre oncle Hermann jouit en paix des grands revenus de ce château que vous voyez.

JULIETTE.

Quoi! tout ce que vous me dites est vrai? Vous n'êtes pas ma mère?   CATHERINE.

Non; j'ai le contrat de mariage de votre père, le certificat de votre naissance. Je ne vous ai rien dit dont je ne puisse donner des preuves.

JULIETTE.

O mes parens! s'il est vrai qu'il existe une récompense éternelle pour la vertu, veillez du sein de votre félicité sur les êtres que vous chérissiez sur la terre. Et vous, Catherine, soyez toujours ma mère. Oh! je vous en conjure, ne me défendez pas de vous appeler de ce nom.   CATHERINE.

Cher enfant !... Bon dieu! bon dieu! je ne savais pas

qu'on pleurât de plaisir ; eh bien ! oui, je serai toujours votre mère !... Tu seras toujours mon enfant.

(elle l'embrasse.)

RATSNER.

Et l'honnête homme dont parlait ce bon seigneur Albert, où est-il, dame Catherine ?

CATHERINE.

Oh ! c'est à ma Juliette qu'il faut demander cela.

JULIETTE.

Mon protecteur, mon époux ne doit-il pas être celui qui préféra la fille de Catherine à celle du noble baron d'Olzebourg ?

ULRIC.

Je suis votre chevalier, je défendrai la cause de l'innocence et de la vertu. Tous les instans de ma vie vont être consacrés à la plus chère, à la plus juste entreprise qui jamais ait signalé mon courage. Mais, hélas ! je n'ai que mon bras à vous offrir ; et lorsque de nouveaux droits vous préparent de nouveaux devoirs, l'honneur me retient sous le joug de cette fatale obscurité, dans laquelle j'espérais trouver le bonheur.

JULIETTE.

Est-ce vous que j'entends, Ulric ? Pensez-vous qu'en recouvrant le nom de mes ancêtres, j'aie déjà changé de sentimens ? Eh bien ! s'il est ainsi, je renonce à ces titres odieux plutôt qu'à votre cœur.

ULRIC.

Charmante amie !

JULIETTE.

Ma mère, et vous, Ratsner, reprochez-lui donc aussi sa fierté. Chevalier cruel. Il me traite comme une autre Jacqueline.

CATHERINE.

Voyez donc, monsieur, comme elle se désole.

RATSNER.

Mon cher maître, pouvez-vous résister ?...

ULRIC.

Fille adorable, tu l'emportes. Malheur au persécuteur de ta famille ! j'ai pour moi la justice et l'amour.

(Musique. Tableau d'amour, de respect et d'amitié.)

SCENE X.

LES PRÉCÉDENS, JACQUELINE, LE COMTE, ALTORF.

» Jacqueline, accompagnée du comte et précédée par Altorf, paraît tout-à-coup dans le fond. *Scène pantomime* de fureur et de contrainte. Ulric conduit Juliette vers la chaumière, où ils entrent avec Ratsner et Catherine. «

SCÈNE XI.

JACQUELINE, LE COMTE, ALTORF.

(Jacqueline reste immobile, les yeux fixés sur la chaumière.)

LE COMTE, *à Altorf.*

REGARDE comme il est aimé !

JACQUELINE.

Il est là... sortons. (*Elle s'arrête devant la chaumière.*)
L'aspect de cette chaumière m'est insupportable, et pourtant je ne puis m'en arracher... Je resterai.... Ces lieux,
habités par le plaisir, le seront bientôt par la vengeance.

(*Musique.*)

SCÈNE XII.

LES PRÉCÉDENS, BETTMANN. *Suite de Jacqueline
et du Comte ; Villageois et Villageoises.*

(*Le cortège de la fête arrive ; Bettmann et les Villageois
sont hors d'haleine.*)

BETTMANN.

OUF ! tudieu, madame la baronne, il faudrait des ailes
pour vous suivre. (*Aux villageois.*) Allons, allons ; commençons.

ALTORF, *s'approchant de Bettmann.*

Ne vous appercevez-vous pas qu'il manque quelqu'un
ici, monsieur Bettmann ?

BETTMANN, *après avoir regardé autour de lui.*

Eh bien, où donc est monsieur le chevalier Ulric ?

ALTORF.

Et Catherine ?

BETTMANN.

Et Catherine ?

ALTORF.

Et Juliette ?

BETTMANN.

Et sa fille ?

ALTORF, *montrant la chaumière.*

Ils sont tous là.

BETTMANN.

Dame Catherine ! Eh ! nous allions commencer sàns
vous. (*Musique. Des jeunes filles entrent dans la chaumière,
et ramènent avec elles Ulric, Juliette, Ratsner et Catherine.*)
Chevalier Ulric, j'avais marqué vôtre place auprès de
madame la baronne. (*Ulric paraît surpris.*) Ah ! j'entends.
Vous plairait-il, madame, de faire au chevalier un petit
mot d'invitation ?

JACQUELINE.

Approchez, chevalier.

ULRIC.

Madame, je n'ai point oublié que ma place est marquée dans la foule de vos vassaux.

JACQUELINE.

Bailli, faites-moi connaître l'époux de cette jeune personne.

BETTMANN.

Dame Catherine, répondez à madame la baronne.

CATHERINE.

Madame, nous vous remercions de vos bontés, ma Juliette et moi... Eh bien ! voilà que je ne sais plus d'où j'en suis.

ULRIC.

Le choix de Juliette était fait, madame, avant que vous eussiez donné, au bailli, l'ordre de lui chercher un époux.

BETTMANN.

Et ce choix, quel est-il ?

ULRIC.

J'en suis l'heureux objet.

JACQUELINE, à part.

Le traître !

LE COMTE, à part.

Je n'ai plus de rival.

BETTMANN.

Tudieu ! monsieur le chevalier, vous n'avez pas mal choisi tous les deux, et je n'aurais pas mieux fait. Ça, commençons. (*Musique. Ballet villageois.*)

JACQUELINE, se levant.

Mes amis, le jour baisse, et je ne puis assister plus longtems à vos jeux. (*A part.*) Détestables amans, vous allez être séparés pour jamais.

LE COMTE, bas, à Altorf.

Je vais entretenir Ulric ; attends-moi dans le village.

BETTMANN.

Enfans, il faut accompagner madame la baronne jusqu'au château. En avant, marche. (*Musique.*)

(*Le comte présente la main à Jacqueline. Sortie des villageois et de la suite de Jacqueline et du comte.*)

SCENE XIII.

ULRIC, JULIETTE, RATSNER, CATHERINE.

RATSNER.

Si vous m'en croyez, monsieur, nous allons tout disposer pour notre départ.

ULRIC.

Le tems presse, r'entrons.

RATSNER.

L'orage gronde, dame Catherine.

CATHERINE.

Jarni! mettons-nous à couvert de la tempête.

(*Musique. Ils entrent dans la chaumière.*)

LE COMTE, *revenant sur ses pas et arrêtant Ulric.*

Chevalier, ne puis-je vous parler sans témoins?

ULRIC.

Vas, Ratsner, m'attendre auprès de la bonne Catherine et de sa fille.

SCÈNE XIV.

ULRIC, LE COMTE.

LE COMTE.

L'AVEU solemnel que vous venez de faire vous concilie mon estime; mais il vous expose aux ressentimens de la baronne. Je vous offre un azile, et ma protection, pour hâter votre mariage avec Juliette.

ULRIC.

Je vous entends; vous me croyez un obstacle à vos desseins; j'apprécie à sa juste valeur le motif de vos offres généreuses.

LE COMTE.

Chevalier, ce langage décèle en vous moins de pénétration que d'orgueil.

ULRIC.

Si jamais Juliette et moi, nous obtenons un azile à Reczeimbem, je jure que ce ne sera point à votre protection que je le devrai.

LE COMTE.

Ma bonté vous enhardirait-elle à me manquer de respect?

ULRIC.

Et depuis quand avez-vous droit aux respects d'un homme qui ne vous fut et ne vous sera jamais soumis.

LE COMTE.

Je vous l'apprendrai, chevalier indigne et sans nom.

ULRIC.

Je saurai m'en faire un, que le crime n'aura point deshonoré.

LE COMTE.

Je punirai l'insolence d'un misérable affranchi, qui ose méconnaître sa bassesse et braver ma puissance.

ULRIC.

Je l'attaquerai, cette puissance usurpée.

LE COMTE.

Et moi, je t'appelle au combat à outrance. Je pourrais méconnaître à ton égard les loix de la chevalerie, sans blesser celles de l'honneur; mais je veux intimider par ton exemple quiconque oserait douter de la force et de la légitimité de mes droits.

ULRIC.

Comte Hermann, la mort n'a pas encore dévoré toutes es victimes.

LE COMTE.

Qui que tu sois, oses dissiper à mes yeux l'ombre mysté-
rieuse qui l'enveloppe.

ULRIC.

Tel qui se voit en bute aux outrages des hommes, ver-
rait pâlir ses oppresseurs, s'il se faisait connaître.

LE COMTE.

Poursuis; quel est le coupable ?

ULRIC.

Un frère dénaturé.

LE COMTE.

Tu me rappelles le souvenir d'un malheureux que ses
égaremens ont précipité dans la tombe.

ULRIC.

Dis plutôt que ton avarice a fait lâchement proscrire.

LE COMTE.

Achève, méprisable imposteur : qui t'a fait mon juge ?

ULRIC.

Ah ! je ne puis reprimer le transport qui m'agite ; connais
donc le vengeur de l'infortuné comte Albert et le défenseur
de son enfant.

LE COMTE.

De son enfant ! Quel est-il ? parle.

ULRIC.

Défends-toi.   (*musique. Il tire son épée.*)
(*Le comte se met en défense. Combat. Juliette et Catherine
s'élancent entr'eux.*)

SCÈNE XV.

LES PRÉCÉD. RATSNER, JULIETTE, CATHERINE.

RATSNER.

Laissez-les, rentrez ; cela ne sera pas long.

JULIETTE.

Que faites-vous ? ô ciel !

CATHERINE.

Non, jarni ! nous ne le souffrirons pas.

LE COMTE.

Au revoir, prudent chevalier ! mort ou vengeance !
(*musique.   Il sort.*)

SCÈNE XVI.

LES PRÉCÉDENS, *excepté le* COMTE.

ULRIC.

Qu'avez-vous fait, Juliette ? vous avez soustrait un
coupable au châtiment ; vous avez compromis le bras prêt
à vous venger !

RATSNER.

Monsieur, le mal n'est pas iréparable ; mais en attendant que nous puissions rejoindre le comte, il me semble qu'il faut songer à mettre mademoiselle Juliette en sûreté ; car, encore une fois, je crains cette nuit plus encore pour elle que pour vous.

ULRIC.

Cours chercher les chevaux... Attends, je te suis.

JULIETTE.

Chevalier, restez, je vous en conjure. Si vous alliez rencontrer le comte !...

ULRIC.

Rassurez-vous, Juliette. (à part.) Voler sur les pas du comte ; laver son crime dans son sang : voilà mon premier devoir, et je vais le remplir !.. Viens, Ratsner. (musique.)

SCENE XVII.

LES PRÉCÉDENS, ALTORF, SOLDATS.

(Ulric est enveloppé avec Ratsner, par une troupe de soldats, commandés par Altorf.)

» Juliette et Catherine se jettent au milieu des soldats ;
» on les repousse : deux d'entre eux les retiennent,
» pendant qu'Ulric et Ratsner font face à leurs adver-
» saires. Juliette tombe sans mouvement dans les bras
» de Catherine : Ulric et Ratsner disparaissent, en se
» défendant toujours. «

SCENE XVIII.

JULIETTE, CATHERINE, UN ÉCUYER.

» Soldats, entrant du côté opposé. L'écuyer fait un geste.
(musique.) Les soldats séparent Catherine de Juliette,
» qu'ils emmènent évanouie dans leurs bras. «

Fin du second Acte.

ACTE III.

*Le Théâtre représente la cour d'entrée du château
d'Olzebourg.*

SCÈNE PREMIERE.

JACQUELINE, CLAIRE, PAGES, *dans le fond.*

JACQUELINE.

C'EN est fait, Claire, j'ai perdu pour jamais le repos et le bonheur. Quelle nuit affreuse j'ai passée !

CLAIRE.

Oubliez, madame, oubliez cet ingrat chevalier. Hélas !
pourquoi a-t-il survécu au bruit de son trépas ?

JACQUELINE.

En proie à mille sentimens contraires ; tour-à-tour agitée
par la fureur et l'effroi, voulant m'arrêter sur le bord
du précipice où me pousse une invincible puissance, je
ne sais que résoudre, et ne me connais plus moi-même.

CLAIRE.

Si vous m'en croyez, madame, vous quitterez un séjour qui vous rappelle des souvenirs si chers et si cruels.

JACQUELINE.

Où irai-je, hélas ! pour fuir son image ? ajouterai-je
au remord qui déjà me tourmente, le stérile regret de
n'avoir pu consommer le malheur de ma rivale ? Orgueil,
amour, vengeance, où m'avez-vous conduite ?.... Ah !
fermons plutôt les yeux sur mon horrible situation. Du
moins, il a perdu son amante : la rage et le désespoir sont
aussi devenus son partage... Juliette est à moi ; je jouirai
de ses larmes, je compterai ses soupirs ; je serai sans pitié...
Il faut que je la voie.... Qu'on amène Juliette.

(Les pages sortent.)

CLAIRE.

Madame, sa vue augmentera vos douleurs.

JACQUELINE.

Hélas ! je crains encore de manquer de courage à l'aspect du premier être dont j'aie fait couler les pleurs......
Quelle indigne faiblesse ! N'est-elle pas mille fois moins
malheureuse que moi ? La cruelle est aimée. (*musique.*)

SCÈNE II.

LES PRÉCÉDENS, **JULIETTE.**

(*Juliette parait, précédée de l'écuyer : elle court se jetter
aux pieds de Jacqueline.*)

JULIETTE.

MADAME, ce n'est pas pour moi que je vous implore,
c'est pour un chevalier lâchement enlevé sous mes yeux.

JACQUELINE.

Que dites-vous ?.... Quel chevalier.... levez-vous, levez-
vous.   **JULIETTE.**

Madame, les hommes-d'armes du comte ont, en ma
présence, attaqué le chevalier Ulric. Hélas ! le courage
a-t-il succombé sous le nombre ? c'est ce que j'ignore :
moi-même environnée de vos soldats, je me suis vue arra-
chée des bras de ma mère. Oh ! laissez-vous toucher par
mes larmes ; n'abusez point de ma situation. Votre âme
n'est point insensible.

JACQUELINE.

Non, non; elle ne l'est pas.... Quoi! cet indigne comte,
au mépris des loix et de mon autorité, ose attaquer un de
mes vasseaux jusques sous les murs du château d'Olzebourg! Ah ce crime ne restera pas impuni.

JULIETTE.

Et moi, madame, pourquoi m'a-t-on séparée de ma
mère? JACQUELINE.

Eh! le sais-je moi-même? Ma raison se perd... Qu'on
s'informe du sort du chevalier Ulric; portez au comte
Hermann l'ordre de le délivrer sur le champ.

(Un écuyer sort.)

JULIETTE.

N'est-il pas vrai, madame. qu'ils ont abusé de votre
nom, ceux qui m'ont arrêtée? Vous n'aviez point donné
cet ordre barbare. Vous n'aurez point la force de me per-
sécuter, moi qui ne vous souhaitai jamais de mal; moi,
qui vous ai plaint...

JACQUELINE.

Vous, me plaindre !

JULIETTE.

Je vous offense, peut-être; mais, le ciel m'est témoin
que mon intention est pure.

JACQUELINE, à part.

Elle m'attendrit, elle me désespère. (haut.) Ecoutez: je
veux vous arracher aux bras d'un dangéreux séducteur...

JULIETTE.

Lui, madame, un séducteur!

JACQUELINE, à part.

Lui! dit-elle, elle ne pense qu'à lui, me parle de lui,
sans que j'aie prononcé le nom du perfide. (haut.) Redoutez, ma fille, redoutez cet homme vain et trompeur;
craignez la vivacité de ses regards, la douceur de son
langage, les charmes de son esprit...

JULIETTE.

Pourquoi craindrai-je celui que vous louez si bien, madame? JACQUELINE.

Moi, j'aurais loué cet ennemi de mon repos, ce monstre
d'ingratitude! Tous ces dons que lui prodigua la nature, sont
autant d'armes funestes qu'il tourne contre un sexe timide,
crédule et trop sensible. Vous l'aimez donc beaucoup?

JULIETTE.

Comme j'en suis aimée.

JACQUELINE, à part.

Elle me déchire le cœur. (haut.) Il vous trompe: finissons. Votre intérêt et mon repos exigent que vous vous
éloigniez de ces lieux.

JULIETTE.

Je m'éloignerai, madame.

(39)

JACQUELINE.

Et que votre retraite soit entiérement ignorée.

JULIETTE.

Elle ne sera connue que de ma mère et de...

JACQUELINE.

N'achevez pas; c'est lui, cœur obstiné, qu'il faut fuir. Loin de lui, votre raison retrouvera son empire, et vous me féliciterez un jour d'avoir su rendre à votre âme le calme et le bonheur.

JULIETTE.

Le bonheur! madame, il n'en existera jamais pour moi, sans...

JACQUELINE.

Vous refusez?

JULIETTE.

Oui, madame.

JACQUELINE.

Eh bien! fille rebelle, plus de pitié. Tes prières ne me fléchiront pas; ta résistance m'irrite; tu ne reverras ni ton Ulric ni la lumière.

JULIETTE.

Grand dieu! suis-je donc une esclave? quels sont vos droits? quel est mon crime?

JACQUELINE.

Ton crime est de plaire à l'homme pour qui seul je respire. Oui, fatale Juliette (et cet aveu décide ma vengeance); oui, je l'aime, je l'adore, ce mortel dont tu m'oses disputer le cœur; je ferai tout pour en effacer ton image. (*musique.*)

SCÈNE III.

LES PRÉCÉDENS, UN ECUYER.

L'ECUYER.

LE comte Hermann.

JACQUELINE.

Vient-il me braver, après avoir méconnu ma puissance? Claire, avant qu'il paraisse, conduisez Juliette dans mon appartement. L'ECUYER.

Madame, il n'a pas attendu votre réponse, le voici.

(*musique.*)

SCENE IV.

LES PRÉCÉDENS, LE COMTE, ALTORF.

LE COMTE.

PARDONNEZ, madame, à l'empressement que j'ai de vous entretenir.... Que vois-je? l'amante d'Ulric en ces lieux.

JACQUELINE.

De quel front osez-vous vous présenter ici, après l'enlèvement du chevalier Ulric?

LE COMTE.

Apprenez, madame, à quel excès d'insolence, il ose porter son fol orgueil. Mon honneur et ma fortune sont aujourd'hui l'objet de ses criminelles atteintes. Appuyé sur je ne sais quelle fable grossière, il m'accuse d'avoir envahi le bien de mes ancêtres; et cette horrible calomnie....

JACQUELINE.

Que dit-il ?

JULIETTE.

Madame, vous connaissez Ulric; jamais le mensonge ne souilla ses lèvres.

JACQUELINE.

Comte, ce n'est pas d'aujourd'hui que cette accusation est produite contre vous. Depuis long-tems, la voix publique l'avait déjà portée.

LE COMTE.

J'aurais cru que, supérieure à ces vains bruits imaginés par l'envie; accueillis par la malignité.....

JACQUELINE..

La voix d'un chevalier tel qu'Ulric, va leur donner un terrible poids, comte Hermann.

LE COMTE.

Eh bien ! je viens vous demander justice contre lui.

JACQUELINE.

Oubliez-vous que vous êtes chevalier ?

LE COMTE.

J'ai voulu me venger par les armes; et sans doute mon ennemi eût mordu la poussière, si des femmes n'eussent arrêté le combat par leurs cris et leur présence.

JULIETTE.

Eh ! seigneur, pourquoi demander justice contre Ulric ? quand il est en votre puissance.

LE COMTE.

Il est vrai que mes hommes d'armes ont tenté de le saisir... JACQUELINE.

Et dans quel lieu !

LE COMTE, *avec malignité.*

A l'endroit même, où près de Juliette, il bravait hier le transport jaloux qui vous animait. Au reste, il s'est soustrait à mes soldats par la fuite.

JACQUELINE.

Par la fuite ! LE COMTE.

Je me flatte que son retour ne sera pas encouragé par vous, et que je n'aurai plus à combattre le fatal ascendant de cet homme sur votre cœur.

JACQUELINE.

Quelle insolence !

LE COMTE.

Quel orgueil !

JACQUELINE.

Je vous défends de vous montrer jamais à mes yeux, si ce n'est en qualité de mon vassal. Vous craignez dans Ulric un intrépide et vertueux accusateur; eh bien! moi-même j'éclaircirai ce mystère. Je saurai, comme suzeraine, attirer les regards de la justice sur la légitimité de vos possessions. Je poursuivrai le crime jusques dans ses plus ténébreux détours.

LE COMTE.

Et moi, je sens mon amour se transformer en haîne. Ce vassal va cesser de l'être enfin. Qu'est-ce, après tout, que cette puissance suzeraine qui vous aveugle? Un joug débile, que ma volonté seule peut briser en un instant.

JACQUELINE.

Ainsi, vous me déclarez la guerre.

LE COMTE

Vous m'avez méprisé comme amant; vous me redouterez comme ennemi.

JACQUELINE.

Je vous punirai comme rebelle. *(musique.)*

SCÈNE V.

LES PRÉCÉDENS, UN ECUYER.

L'ECUYER.

MADAME, le chevalier Ulric vient, malgré vos ordres, de franchir la première porte du château; il veut pénétrer jusqu'à vous. Son bras est armé; ses discours ne respirent que fureur et vengeance.

JACQUELINE.

Il faut arrêter ses pas!

JULIETTE.

Madame, permettez-lui....

JACQUELINE, *à part.*

Dieu! s'il paraissait ici.

PLUSIEURS VOIX, *derrière le théâtre.*

Vous n'entrerez point. *(musique.)*

SCÈNE VI.

LES PRÉCÉDENS, ULRIC, *paraissant.*

JACQUELINE, *à part.*

C'EST lui! ô mon courage ne m'abandonne pas.

ULRIC, *courant vers Juliette.*

Juliette... Que vois-je? Hermann en ces lieux... Ah! traître tu n'échapperas pas à ma vengeance.

LE COMTE.

Je te cherchais pour assouvir la mienne. Sortons.

F

JACQUELINE.

Arrêtez. Pourquoi ce combat ? quels en seront les témoins et les juges ? quel en sera le gage ?

ULRIC.

Le gage du combat est l'héritage du comte Albert de Reczeinhem, usurpé par le déloyal Hermann, son frère.

JACQUELINE.

Mais, le comte Albert a cessé de vivre.

ULRIC.

J'ai juré de protéger l'enfant contre l'oppresseur du père.

LE COMTE.

Eh bien ! qu'il se montre donc, celui qui prétend succéder aux droits d'Albert.

ULRIC.

Tu veux qu'il paraisse !.... Eh quoi ! une horreur secrette ne te révèle pas la présence de ta victime ?

JACQUELINE.

Serait-ce vous, Ulric ?

LE COMTE.

C'est toi !

ULRIC.

Tu le sauras au moment d'expirer.

JACQUELINE.

Chevalier Ulric, et vous comte Hermann, je réclame l'honneur de ce fait d'armes, et j'ordonne qu'il ait lieu ici même, sous mes yeux.

LE COMTE.

Oui, madame, nous combattrons sous vos yeux ; vous verrez si mon bras sait venger un affront. (*à Ulric.*) Je cours revêtir mon armure, et je reviens t'apporter la mort.

ULRIC.

Dis plutôt la recevoir.   (*le comte sort avec Altorf.*)

SCÈNE VII.
JACQUELINE, ULRIC, JULIETTE.

ULRIC.

MADAME, je pourrais vous demander compte du traitement indigne que vos soldats ont fait souffrir à l'innocente Juliette ; mais je la revois libre auprès de vous, et tout est oublié.   JACQUELINE.

Quelle générosité !.... Quelle insupportable ironie ! Voilà ma rivale et tout est oublié !

ULRIC.

Je l'avouerai, madame, il m'était doux de penser qu'enfin la raison avait repris ses droits sur vous ; que, loin d'assurer au lâche Hermann le prix de ses crimes, vous me seconderiez de toute votre puissance, pour arracher à l'opprobre la mémoire du comte Albert ; et sa postérité, à la proscription et à l'indigence.

JACQUELINE.

Oui , je défendrai le fils du comte Albert. Ulric, une secrète inspiration me persuade que vous êtes né mon égal. Votre âge, le mystère de votre naissance...

ULRIC.

Quoi! l'infortune trouverait en vous son appui ?

JACQUELINE.

Oui, chevalier.

ULRIC.

Et si cette victime était un autre que moi...

JACQUELINE.

Quel autre que vous , Ulric ?...

ULRIC.

Je n'ose achever..... Ce n'est point un fils... Si Juliette..... JACQUELINE.

Oh ! quelle funeste idée !.... Juliette !.... Serait-il vrai ?

JULIETTE.

Hélas ! madame, si vous l'exigez , je resterai la fille de Catherine.   ULRIC.

Jacqueline ne sera pas généreuse à demi.

JACQUELINE.

Moi , j'assurerais le triomphe de ma rivale ! je te verrais accepter de sa main ce que tu as refusé de la mienne ! Non, jamais, jamais.

ULRIC.

Vous eussiez acquis de nouveaux droits à la reconnaissance d'Ulric , à celle de Juliette.

JACQUELINE.

Je n'en veux point à ce prix. Quelle reconnaissance, grand dieu ! Plutôt mille fois ta haine ! Ah! le désespoir me rend toute ma fureur. Etait-ce donc pour vous réunir que je vous avais séparés ?

ULRIC.

Femme barbare j'arracherai Juliette de vos bras.

JACQUELINE.

Tes pas vont être enchaînés dans ces lieux.

JULIETTE.

Juste ciel ! à quel sort affreux sommes-nous réservés ?

JACQUELINE.

Il en est tems encore. Un mot, Ulric, un seul mot de votre bouche peut ramener entre nous la paix et la félicité. Vous allez décider du sort de Juliette. Quelle que soit votre résolution, n'espérez plus la posséder. Si ton cœur est inflexible, je l'abandonne à la vengeance du comte ; si mes vœux sont satisfaits, je la rends maitresse de sa fortune, et toi, de ma destinée : Prononce.

ULRIC.

Plutôt la mort qu'un parjure !

JULIETTE.

Non , madame, vous ne porterez pas à ce point l'oubli de vous-même; vous ne perdrez pas, en un instant, le souvenir et le prix des vertus qui vous ont honorée jusqu'ici.   JACQUELINE.

Je perds tout, je le sais ; vertu , bonheur, existence ; mais une force irrésistible me subjugue : te vaincre, Ulric, ou me venger, voilà mon bien suprême.

ULRIC.

Eh bien! unissez-vous à ce comte que vous méprisez, pour perdre deux amans , deux époux...

JACQUELINE.

Deux époux !

ULRIC.

Oui , nous le sommes, si l'amour et la foi jurée sont des nœuds assez forts pour unir deux âmes pures.

JACQUELINE.

Deux époux! Non, vous ne l'êtes pas encore, vous ne le serez jamais... Gardes, qu'on les sépare ; ôtez-les de mes yeux.   (On veut saisir Ulric et Juliette.)

ULRIC, tenant Juliette d'une main, et se défendant de l'autre.

Ne m'approchez pas, ou redoutez ma fureur... (après un instant de silence.) L'ombre de mon bienfaiteur s'élève entre sa coupable fille et moi; un respect religieux arrête mon bras prêt à frapper... (à Juliette.) Cédons un instant à l'injustice du sort; ayons plus de courage et de résignation dans notre adversité, que nos ennemis n'ont de constance dans leurs persécutions.

(musique. On les sépare et on les emmène.)

SCENE VIII.

JACQUELINE, CLAIRE.

CLAIRE.

Madame, bientôt le comte va paraître. De grâce, calmez le trouble qui vous agite.

JACQUELINE.

Que faire, juste ciel ? permettrai-je ce combat ? Ne me sera-t-il pas funeste, quelqu'en soit l'issue ? Si le comte est vaincu, Juliette triomphe , et devient mon égale ; s'il l'emporte, je perds Ulric, et tout ingrat qu'il est, ma mort suivrait de près la sienne. Mais, ce combat, ne l'ai-je pas ordonné moi-même? Puis-je l'empêcher sans compromettre l'honneur d'Ulric ? Quelqu'un s'approche. Vois, si ce n'est pas déjà le comte.

CLAIRE.

Madame, c'est Bettmann qui s'avance; la frayeur précipite ses pas.   (musique.)

SCÈNE IX.

LES PRÉCÉDENS, BETTMANN.

BETTMANN.

MADAME la baronne, je viens vous avertir qu'il y a grande rumeur dans le village. Les habitans assemblés par l'écuyer du chevalier Ulric et dame Catherine doivent se porter au château, pour vous supplier de leur rendre Juliette. J'ai cru, madame la baronne, qu'il était de mon devoir de vous prévenir à ce sujet, et je me suis empressé de vous demander vos ordres.

JACQUELINE.

Qu'on leur ouvre les portes. Ils me verront; ils apprendront à baisser devant moi leurs fronts respectueux; moi seule je puis être juge de mes actions.

BETTMANN.

Vous les entendez, madame, ils n'ont pas perdu de tems. (*musique.*)

SCÈNE X.

LES PRÉCÉDENS, RATSNER, CATHERINE;
Villageois et Villageoises.

RATSNER.

MADAME la baronne...

CATHERINE.

Madame la baronne, qu'avez-vous fait de ma pauvre Juliette ?

JACQUELINE.

Pourquoi ces gens assemblés ? pourquoi ce mouvement séditieux ?

RATSNER.

C'est moi, madame, qui les ai réunis, ces bons villageois. Dieu me punisse ! si la moindre pensée de sédition les anime. Ils se joignent à dame Catherine et à moi pour vous demander...

JACQUELINE.

Je sais tout : je ne prendrai conseil que de ma volonté. Allez.

RATSNER, *bas.*

Mes enfans, et vous, dame Catherine, retirez-vous; mais ne sortez pas du château. Attendez ici près et en grand silence que j'aie dit un mot à madame la baronne. (*Catherine et les Villageois sortent.*) Madame, il faut absolument que je vous parle.

JACQUELINE.

Qu'avez-vous à me dire ?

RATSNER.

Il faut que je vous parle sans témoins.

JACQUELINE. Pourquoi ?

RATSNER. Vous allez le savoir, madame.

JACQUELINE.

Laissez-nous. (*Bettmann, Claire et les écuyers sortent.*)

SCÈNE XI.

JACQUELINE, RATSNER.

RATSNER.

TOUT ce qui se passe est-il bien vrai ? Quoi ! madame, c'est vous qui persécutez mon maitre, l'honneur de la chevalerie, votre meilleur ami, celui que votre père appelait le cher appui de sa vieillesse ! et c'est d'un instant à l'autre que vous avez ainsi passé de l'amitié à la haine !

JACQUELINE.

A la haîne ! plût à dieu, Ratsner !

RATSNER.

Vous regretez de ne pouvoir le haïr; madame la baronne vous ne le pourrez jamais.

JACQUELINE.

Quoi ! ce fatal amour me poursuivra sans cesse ?

RATSNER.

Vous l'avez dit, madame : fatal amour !.... Monsieur le baron, je ne puis plus garder votre secret. Si vous étiez ici, ne parleriez-vous pas vous-même ? Figurez-vous qu'il respire, madame, celui qui m'ordonna de veiller sur l'enfance d'Ulric, de consacrer mes vieux jours à sa jeunesse; Il vous voit, il vous entend, il lit dans votre cœur tout ce qui s'y passe ; il s'écrie : Ma fille, ma fille, Ulric ne peut être ton époux !

JACQUELINE. Eh ! pourquoi, Ratsner ?

RATSNER Ne l'appeliez-vous pas votre frère ?

JACQUELINE. Je frissonne... Eh bien !....

RATSNER.

Eh bien ! la nature ne vous dit-elle pas le reste ? c'est votre frère que vous persécutez.

JACQUELINE. Lui, mon frère !

RATSNER.

Eh ! quel autre qu'un père eût fait pour le chevalier Ulric, ce qu'a fait monsieur le baron ?

JACQUELINE.

Lui, mon frère !... Dis-moi, Ratsner, ne m'abuses-tu point ? RATSNER.

Je vous jure, sur ce qu'il y a de plus sacré au monde, que j'ai connu la mère du chevalier. Dailleurs, j'si conservé un écrit de monsieur le baron, qui vous prouvera mieux que mes discours, la vérité de ce que j'avance. Le voici, tel qu'il me l'a remis. (*Il lui remet un paquet cacheté.*)

JACQUELINE, *lisant.*

« Pour mon fils, le chevalier Ulric. «

RATSNER.

L'intention de monsieur le baron était que cet écrit ne fût connu que dans le cas où il serait absolument nécessaire, pour défendre l'honneur ou la vie du chevalier. Or, je vous demande si j'ai du le garder plus long-tems.

JACQUELINE.

Juste ciel ! quelle victime j'immolais à ma fureur jalouse!
Mon frère !... Ah! courons dans ses bras, implorer le par-
don de ma coupable erreur; il me l'accordera, n'est-il pas
vrai, Ratsner? j'aurai mon excuse dans cette aveugle
sympathie qui n'abusa mon cœur que parce qu'il en éprouva
trop vivement la force. Volons vers Ulric ; montrons-lui
cet écrit de mon père : je vais lui rendre sa Juliette : il va
serrer dans ses bras son amante et sa sœur. (*musique.*)

SCÈNE XII.

LE COMTE, ALTORF.

LE COMTE.

ALTORF, tout est prêt ; l'intérieur du château est rempli
de mes hommes-d'armes. La plus parfaite sécurité règne ici,
et me livre au premier signal les soldats de la baronne.

ALTORF.

Mais, ce combat, seigneur...

LE COMTE.

Il n'aura pas lieu. J'ai dû prévenir tout éclat dangéreux
pour hâter le coup qui va me délivrer d'Ulric, et me rendre l'époux de Jacqueline. Je suis arrivé au moment qui
doit décider de ma destinée ; mais j'ai tout prévu ; la ruse
et la force conspirent avec moi, pour le succès de mes
projets.   ALTORF.   (*musique.*)

C'est la baronne qui s'avance.

LE COMTE.

Fais entrer mes hommes-d'armes.

SCÈNE XIII.

JACQUELINE, ULRIC . LE COMTE, JULIETTE,
RATSNER, CATHERINE, BETTMANN, CLAIRE,
ALTORF, *Ecuyers, hommes-d'armes de Jacqueline et
du Comte, etc.*

» Les hommes-d'armes du comte se placent à gauche,
» commandés par Altorf; ceux de la baronne, à droite,
» commandés par Ratsner. Jacqueline se place, avec
» Juliette, sur un siège élevé dans le fond, entourée
» de ses écuyers et de ses suivantes. Ulric et le comte
» sont en présence. «

JACQUELINE.

COMTE, rendez grace à la générosité de votre adversaire,
qui daigne vous combattre par les armes, quand il pour-
rait vous accabler sous le poids de la justice. Ce jeune
chevalier, dont la naissance fut inconnue jusqu'à ce jour,
n'est point l'héritier de l'infortuné comte Albert, il est
mon frère.   LE COMTE.

Quel mystère étrange ! et quel est donc cet enfant
d'Albert, dont on supposait ici la présence ?

JACQUELINE.

Cet enfant, le voilà, c'est Juliette.

LE COMTE.

C'en est trop. Vous n'espérez pas, sans doute, surprendre ma crédulité par vos fables. Je vous vois tous réunis pour consommer ma perte; eh bien! connaissez mieux Hermann. A moi, soldats. *(musique.)*

(Le comte attaque Ulric ; ses hommes-d'armes fondent sur ceux de Jacqueline. Combat. Le comte est vaincu par Ulric.)

ULRIC.

Faible ennemi, c'est en vain que tu joins la trahison à la scélératesse ; la justice et le courage l'emportent ! Sens-tu déjà le remord ?

LE COMTE.

Je ne sens que ma rage, délivre-moi du poids insupportable de la vie.

ULRIC.

Je te la laisse pour ton supplice.

JACQUELINE.

Je n'imiterai point la clémence d'Ulric. Hermann est doublement coupable ; il a foulé aux pieds toutes les loix, il a outragé la nature et la société. Qu'on s'assure de sa personne.

LE COMTE.

Tremblez donc, vous tous qui me bravez dans ma défaite ; tremblez que cette vie ne vous soit encore funeste. *(musique.)*   *(on l'entraîne.)*

SCENE XIV ET DERNIERE.

LES PRÉCÉDENS, *excepté* LE COMTE, *et sa suite.*

JACQUELINE.

Mon frère, et vous, aimable Juliette, promettez-moi de ne point vous séparer de Jacqueline; que votre hymen soit célébré, et que l'amitié entre aussi dans ce partage heureux de votre destinée.

ULRIC et JULIETTE, *ensemble.*

Nous te le promettons.

RATSNER.

A demain donc la noce. Dame Catherine, et ce petit projet que vous trouviez assez joli, je ne l'ai point oublié, vertudieu !

CATHERINE.

Et moi, monsieur Ratsner, je me souviens de la vieille armure, dont la trempe est toujours bonne.

JACQUELINE.

Bon Ratsner, il est tems que j'acquitte envers toi la dette de la reconnaissance. Ainsi, dans cette journée, la vertu aura sa récompense, vous m'en avez tous donné l'exemple, et l'expérience me révèle, aujourd'hui cette terrible leçon : qu'il suffit de céder un instant à l'empire des passions, pour s'exposer à perdre le fruit d'une carrière irréprochable.

FIN.